코이노니아를 통해 보는

천지창조와 하나님의 경륜

학생용

| **송영선** 지음 |

쿰란출판사

머리말

하나님께서 천지를 창조하신 목적이 사람과의 진정한 코이노니아를 이루시는 것이며, 이 목적을 이루기 위한 하나님의 비밀은 바로 예수 그리스도이시며 그분을 머리로 한 교회입니다.

성경은 하나님의 다양한 모습을 보여줍니다. 하나님께서는 이스라엘 백성들과 언약을 맺으시고 그들로 하여금 제사장 나라가 되고 거룩한 백성이 되게 하셨습니다. 언약의 하나님이심을 보여주신 것입니다. 또한 열방의 구원을 위해 그의 택한 백성들을 보내시는 선교의 하나님의 모습도 보게 되고, 음행을 너무나도 싫어하시는 질투의 하나님, 불같이 진노를 발하시는 엄한 하나님도 보게 됩니다. 그런데 이번 코너스톤 과정을 통해서는 코이노니아의 하나님을 만나게 되실 것입니다.

"사람의 첫째 되며 가장 높은 목적은 무엇인가? 하나님을 영화롭게 함과 영원토록 하나님을 온전히 즐거워함이다." 이것은 우리에게 익숙한 웨스트민스터 요리문답의 첫 번째 질문과 답변입니다. 하나님의 사랑과 구원의 은혜를 체험한 성도들의 마땅한 인생 목적임에 틀림없습니다. 그런데 본 교재는 하나님의 관점에서 인생의 목적을 다룰 것입니다. '하나님은 왜 사람을 창조하셨나? 그러면 사람은 어떻게 하는 것이 마땅한가?' 하는 의문과 답변을 성경 말씀을 통해서 공부하며, 사람을 향한 하나님의 계획을 공부할 것입니다. 하나님의 비밀의 경륜을 진정으로 깨닫는 성도는 결국 하나님을 더욱 영화롭게 하고, 영원토록 하나님을 온전히 즐거워할 수밖에 없음을 알게 될 것입니다.

하나님의 경륜은 창세 전부터 사람과 하나님의 사귐을 위하여 세워져 있었습니다. 하나님은 창세 전부터 사람과 진정한 코이노니아를 이루시기 원하셨습니다. 그러나 사람들은 사탄의 유혹에 빠져 죄를 짓고 끝없이 하나님으로부터 떠나려고 합니다. 그럼에도 불구하고 하나님은 또한 한없이 참으시고 변함없이 사람을 향한 사랑의 계획을 전개해 나가십니다.

아무쪼록 본 교재를 통해 하나님의 천지창조의 경륜과 그 비밀들을 잘 이해하시고, 삶과 영혼 속에 임재하기 원하시는 하나님을 깊게 만나시기 바랍니다.

2019년 3월

송영선

天地

목차

天地創造

코이노니아를 통해 보는

천지창조와
하나님의 경륜

학생용

天地
創造

천지창조와 하나님의 경륜

"곧 창세 전에 그리스도 안에서 우리를 택하사 우리로 사랑 안에서 그 앞에 거룩하고 흠이 없게 하시려고 그 기쁘신 뜻대로 우리를 예정하사 예수 그리스도로 말미암아 자기의 아들들이 되게 하셨으니"(엡 1:4-5)

요한복음 17장 4절을 참고해서 '경륜'이라는 단어를 정의해 보십시오.

나의 삶 가운데서 가장 중요한 서너 가지 질문은 무엇이라고 생각하십니까?

1.

2.

3.

4.

위 질문에 대한 여러분의 반응과 해답들은 무엇이었습니까? 아래에 써 보십시오.

1.

2.

3.

4.

1과

하나님의 경륜

1A. 사탄의 기원

1B. 이사야 14장 12-17절을 읽고 아래에 답하십시오.

1C. 누구에 대한 이야기입니까? (12절)

2C. 그는 어디에 있었습니까? (12절)

3C. 그의 현재 위치는 어디입니까? (12절)

4C. 왜 그렇게 되었습니까? (13-14절)

5C. 그는 이 땅 위에서 무엇을 하고 있습니까? (16-17절)

2B. 에스겔 28장 12-19절을 읽고 아래에 답하십시오.

1C. 이 말씀은 페니키아 두로 왕을 빗대어 사탄의 기원을 설명하고 있습니다. 그는 어디에서 왔습니까? (13절)

2C. 무슨 일을 했습니까? (14절)

3C. 어떤 자였습니까? (12, 15절)

4C. 무슨 생각을 품게 되었습니까? (17절)

5C. 그 결과는 어떻게 되었습니까? (15-16, 18-19절)

2A. 사탄의 역할

하나님은 완전하신 분이시며 실수가 없으신 분이십니다. 그런데 위의 두 말씀을 보면 하나님께서 실수하신 것 같습니다. 과연 그럴까요? 하나님은 모든 것을 아시는 분이신데(시 139:1-6) 왜 이런 일이 일어나도록 허락하셨습니까?

1B. 욥기 1장 1-22절을 읽고 아래에 답하십시오.

1C. 욥은 어떤 사람이었습니까? (1-5절)

2C. 사탄은 이 이야기에서 무슨 역할을 하고 있습니까?

3C. 하나님께서는 왜 사탄이 이런 역할을 하게 하셨습니까?

3A. 하나님의 경륜

1B. 에베소서 1장 4절을 묵상하고 아래에 답하십시오.

1C. 이 말씀에 의하면 '천지창조'와 '우리의 택함' 중 무엇이 먼저입니까?

2C. 그렇게 하신 궁극적인 목적은 무엇입니까?

2B. 요한1서 4장 7–8절을 읽고 아래에 답하십시오.

1C. 하나님은 어떠한 분이라고 가르치고 있습니까?

2C. 결국 하나님과 그 자녀들, 또 자녀들 서로의 할 일은 무엇입니까?

3B. 요한1서 1장 3절을 읽고 하나님께서 우리와 하고자 하시는 일을 결론지어 보십시오.

하나님께는 창세 전부터 뜻이 있었습니다. 그 뜻은 우리로 '거룩하고 흠이 없게' 하셔서 그분과 '코이노니아'(사귐)가 있게 하려고 하셨음을 배웠습니다. 이렇게 하기 위해서는 두 가지가 선행되어야 합니다. 첫째는 '거룩하고 흠이 없는' 과정이 있어야 하고, 둘째는 코이노니아가 이루어져야 합니다.

이제 천지창조와 인류의 역사를 통해서 어떻게 하나님께서 이 두 과정을 이루셨는가를 공부해 보겠습니다.

〈참고: 코이노니아〉

† κοινωνός, † κοινωνέω, † κοινωνία, † συγκοινωνός, † συγκοινωνέω.

Contents: A. The Meaning and Construction of the Term. B. κοινων- in Secular Greek: 1. In Human Life: 2. In Sacral Speech. C. κοινων- in the Israelite-Jewish Sphere: 1. In the OT: Man: 2. In the OT: God: 3. In Rabbinic Literature: 4. Philo. D. κοινων- in the NT.

A. The Meaning and Construction of the Term.

κοινωνός means "fellow," "participant." It implies fellowship or sharing with someone or in something. It is thus construed a. often in the absol., Plat. Tim., 20d: ταῦτα χρὴ δρᾶν, εἰ καὶ τῷ τρίτῳ κοινωνῷ Τιμαίῳ συνδοκεῖ,[1] b. often with gen. of obj., Plat. Resp., V, 450a: κοινωνὸς τῆς ψήφου ταύτης, c. much less frequently, following κοινωνέω, with dat. of person and gen. of obj., Plat. Resp., II, 370d: τέκτονες δὴ καὶ χαλκῆς καὶ τοιοῦτοί τινες πολλοὶ δημιουργοί, κοινωνοὶ ἡμῖν τοῦ πολιχνίου (small city) γιγνόμενοι, συχνὸν αὐτὸ ποιοῦσιν, d. with prep., e.g., εἰς (Plat. Resp., I, 333b), περί (Plat. Leg., VII, 810c), ἐπί (Plat. Leg., XII, 969c).

암송 구절

"이 생명이 나타내신 바 된지라 이 영원한 생명을 우리가 보았고 증언하여 너희에게 전하노니 이는 아버지와 함께 계시다가 우리에게 나타내신 바 된 이시니라 우리가 보고 들은 바를 너희에게도 전함은 너희로 우리와 사귐이 있게 하려 함이니 우리의 사귐은 아버지와 그의 아들 예수 그리스도와 더불어 누림이라"(요일 1:2-3).

2과
천지창조

"태초에 하나님이 천지를 창조하시니라 땅이 혼돈하고 공허하며 흑암이 깊음 위에 있고 하나님의 영은 수면 위에 운행하시니라"(창 1:1-2).

어떻게 보면 인간의 시작은 천지가 창조된 때부터라기보다는, 하나님의 경륜이 계획되었을 때부터라고 말할 수 있습니다. 천지창조는 그 계획을 실행하는 데 있어서 '첫 번째 과정일 뿐이다'라고도 할 수 있겠습니다. 이렇게 보면 '천지', 즉 '하늘과 땅'은 하나님의 계획을 수행하기 위해 필요한 시간과 공간이며 무대(setting)라고 설명할 수 있습니다. 이제 그 무대가 설치되었습니다.

첫 번째 장면이 나타납니다. 땅이 보입니다. 그런데 그것이 혼돈하고 공허하며 흑암이 깊음 위에 있는 모습으로 나타나고 있습니다. 그런데 하나님께서는 그와 같은 무질서와 어두움의 상태를 질서와 환희의 환경으로 바꾸시는 놀라운 창조의 기적을 베푸십니다. 그중에서 에덴동산은 하나님께서 사람과 코이노니아를 이루시기 위하여 만드신 사랑의 최고 작품입니다.

지난 과에서 이사야 14장 12-17절과 에스겔서 28장 12-19절을 통해 사탄의 기원을 살펴보았습니다. 사탄은 교만과 파괴와 어두움의 영입니다. 하나님께서 그들을 징계하시고 하늘에서 쫓아내셨습니다. 그들이 어디로 쫓겨 갔다고 했습니까? 바로 땅(히브리 원어: 에렛츠), 에덴동산입니다.

1A. 이사야 14장 15-20절 말씀을 읽고 '왜 땅이 혼돈하고 공허했을까?'에 대한 답을 찾아보십시오.

2A. 에베소서 6장 12절을 읽고 이 세상이 처한 상황을 설명해 보십시오.

첫 무대의 장면을 상상해 보실 수 있습니다. 하늘과 땅이 웅장하고 광대하게 나타납니다. 시간이 몇백억 년인지, 몇백만 년인지 모르

지만 얼마를 지난 후에 사탄과 그의 추종 세력들이 하나님이 계신 곳에서 쫓겨납니다. 쫓겨나면서 그들의 행로가 땅(에렛츠) 쪽으로 향하게 되었습니다. 무대는 점차 좁아져서 에렛츠만 보이게 됩니다. 이 때 혼돈과 공허, 그리고 흑암으로 대표되는 사탄의 무리들이 도착하게 됩니다. 이때 이 에렛츠는 이들의 감옥이 되면서 혼돈해지고 공허해지며 흑암으로 덮이게 됩니다.

3A. 그렇다면 에렛츠는 이들을 하늘에서 쫓아내기 위해서만 창조되었습니까? 창세기 1장 3-31절을 읽고 아래에 답하십시오.

1B. 첫째 날에 무엇을 창조하셨습니까? (3, 4절)

2B. 처음에는 땅이 수면으로 덮여 있었습니다(2절). 이것이 어떻게 되었습니까? (6절)

3B. 궁창이 무엇이 되었습니까? (8절)

4B. 땅은 어떻게 나타나게 되었습니까? (9절)

5B. 식물들은 몇째 날 창조되었습니까? (11, 12절)

6B. 해와 달은 몇째 날부터 보이기 시작했습니까? (14-19절)

7B. 새와 고기들은 언제, 어떻게 창조되었습니까? (21절)

8B. 땅의 생물들은 언제, 어떻게 창조되었습니까? (24, 25절)

9B. 26-31절을 읽고 아래에 답하십시오.

1C. 무엇에 대한 기록입니까?

2C. 사람을 만드실 때와 다른 것들을 만드셨을 때의 차이를 구별해 보십시오.

3C. 사람을 창조하신 이유는 무엇입니까? (28절)

1D.

2D.

10B. 지으신 모든 것을 보시고 어떤 반응을 보이셨습니까? (31절)

결국 땅, 곧 에렛츠는 사탄과 그 추종 세력을 쫓아낸 곳만이 아니고 보다 중요한 하나님의 경륜을 이루기 위해 창조된 것임을 알 수 있습니다. 이 제안을 놓고 서로 토론하십시오.

암송 구절

"곧 창세 전에 그리스도 안에서 우리를 택하사 우리로 사랑 안에서 그 앞에 거룩하고 흠이 없게 하시려고 그 기쁘신 뜻대로 우리를 예정하사 예수 그리스도로 말미암아 자기의 아들들이 되게 하셨으니"(엡 1:4-5).

3과

코이노니아의 시작과 중단

코이노니아에는 두 가지 중요한 의미가 있습니다. 첫째는 '교제'입니다. 서로 사랑하는 관계 안에 기쁨과 평안이 있는 것을 의미합니다. 둘째는 '동역'입니다. 일을 나누어서 함께 할 때 보람과 열매가 있다는 뜻입니다.

이제 하나님께서 사람을 창세 전에 택하시고, 이 일을 이루기 위한 시간과 공간을 마련하시기 위해서 천지를 창조하셨습니다. 그리고 그 택하신 사람들을 형상화시키셔서 에렛츠의 에덴동산에 두셨습니다.

이제부터 하나님과 사람의 코이노니아가 시작됩니다. 아래의 공부를 통해서 그 전개를 알아보기로 하겠습니다.

1A. 코이노니아의 시작

1B. 창세기 2장 15–25절을 읽고 아래에 답하십시오.

1C. 읽고 나서 코이노니아의 측면에서 느낀 점들을 나누어 보십시오.

2C. 하나님께서 아담에게 위임하신 일은 무엇입니까? (15절)

3C. 17절 말씀을 묵상하고 토론해 보십시오.

4C. 19절 말씀을 읽고 아담을 향한 하나님의 사랑을 상상해 보십시오. 또한 아담과 동물들 간의 관계를 정의해 보십시오.

5C. 18-25절을 읽고 아래에 답하십시오.

1D. 18절을 통해서 하나님께서 인간에게 주신 중요한 속성을 찾아보십시오.

존재를 논하는 가운데서 "나 홀로 스스로 존재한다"라는 주장의 허실을 토론해 보십시오.

2D. 19-20절에 나오는 아담과 동물, 그리고 하나님과의 교제를 머릿속으로 그려 보십시오. 그 가운데서도 혼자 일을 하여야 했던 아담의 처지와 이에 대한 하나님의 사랑을 생각해 보십시오.

3D. 이 말씀들은 가정의 시작을 소개해 주고 있습니다.

1E. 왜 가정이 필요했습니까? (18절)

2E. 가정은 무엇을 하는 곳입니까?

1F. 18절:

2F. 18, 20절:

3F. 24절:

4F. 25절:

2A. 코이노니아의 중단

우리는 창세기 2장을 통해서 하나님과 사람, 사람과 자연, 사람과 사람 간의 코이노니아의 아름다운 시작을 소개받았습니다. 상상해 보십시오. 에덴동산의 아름다운 모습이 먼저 소개되었습니다. 그러나 행복이라는 의미의 에덴동산을 행복한 동산으로 만든 것은 에덴동산이라는 무대가 아니라, 그곳에서 주인공으로 나타나는 하나님과 인간, 인간과 인간, 인간과 자연의 코이노니아였던 것을 알 수 있습니다.

그 관계에는 자유가 있었습니다. 그 관계에는 강압이 없었습니다. 그 관계에는 가리는 것이 없었습니다. 그 관계에는 서로의 사랑이 있었습니다. 그리고 그 관계에는 우리 인간 세상에서 볼 수 있는 상과 하의 관계가 없었습니다. 서로의 존재를 존중하며 상대방의 존재를 통하여 사랑과 기쁨, 그리고 만족을 누리던 그런 모습을 보게 되었습니다.

그런데 3장이 시작되면서 그 행복한 에덴동산에 검은 구름이 끼기 시작합니다. "뱀은 여호와 하나님이 지으신 들짐승 중에 가장 간교하니라." '간교'라는 검은 구름 한 조각이 뱀에게 들어갔습니다. 하나님과 아담, 하와, 그리고 그들이 살고 있던 동산과는 전혀 상관이 없는 '간교'라는 죄 조각 하나가 어디선가 에덴의 행복을 시기하면서 기회를 엿보다 뱀에게 들어갔습니다. 목적은 한 가지입니다. '코이노니아의 단절,' 바로 그것이었습니다. 이제 어떻게 이 목적이 성취되는가를 공부해 보겠습니다.

1B. 창세기 3장 1–6절을 읽고 묵상해 보십시오.

1C. 느낀 소감을 나눠 보십시오.

2C. '간교'라는 죄는 어디서 왔다고 생각하십니까? 지금까지 배운 것을 참고해서 생각해 보십시오.

3C. 뱀의 질문 중 "…'하나님'이 참으로 '너희'에게 동산 모든 나무의 열매를 먹지 말라 하시더냐"(1절)라는 표현은 하나님과 사람 사이에 무엇을 조장하려는 표현입니까?

4C. "너희가 결코 죽지 아니하리라"(4절)라는 사탄의 선언과 "네가 먹는 날에는 반드시 죽으리라"(2:17)라는 하나님의 말씀을 묵상하고 아래에 답하십시오.

1D. 사탄이 "결코 죽지 아니하리라"고 약속합니다. 이런 속임수

의 배경에는 그의 어떤 의도가 숨어 있습니까?

2D. 나를 그 당시의 하와라고 가정해서 내가 이런 상황에 처했다면 나에게는 무엇이 주어진 것입니까? 즉 내가 하와라면 나에게 무엇이 주어진 것입니까?

5C. 5절에 "하나님과 같이 되어"라는 표현과 이사야 14장 14절을 비교해 보고 느낀 소감을 아래에 써보십시오.

6C. 에스겔 28장 17절 말씀을 읽고 이것을 본문의 6절 말씀과 같이 생각해 보십시오. 그리고 "먹음직도 하고 보암직도 하고 지혜롭게 할 만큼 탐스럽기도 한 나무인지라"라는 표현 속에 담긴 의미를 정리해 보십시오.

코이노니아는 상대가 있습니다. 코이노니아가 진정한 교제와 동역이 되려면 이 상대방과 경쟁이 없어야 합니다. 창세기 2장에서도 보았듯이 처음 에덴동산의 코이노니아는 경쟁이 없었습니다. 서로 비교하는 것이 없었습니다. 누가 더 많이 갖고 덜 갖고, 누가 더 아름답고 덜 아름답고, 누가 더 지혜롭고 덜 지혜롭고 한 것이 없었습니다.

이런 수평적인 평등한 관계에 비교의 개념이 들어왔습니다. 자연히 경쟁하고 싶은 욕심이 생겨납니다. 서로 비교하게 됩니다. 결과는 반드시 한 편은 높아지고 다른 편은 낮아집니다. 한 편이 높이 보이면 다른 한 편이 낮게 보이고, 높게 느끼는 사람은 마음이 교만해지며, 낮게 보이는 다른 편을 자신의 교제와 동역의 코이노니아가 가능한 상대로 삼기를 싫어하게 되며, 또한 낮게 느끼는 사람은 높이 보이는 사람 앞에 자신의 낮음을 보이기가 싫어 그로부터 떨어져 나가고 싶은 강한 충동을 느끼게 됩니다.

이렇게 되어 코이노니아가 중단되게 됩니다. 이것은 바로 죽음을 의미합니다. 죽음의 성경적 의미는 관계의 단절입니다. 곧 아담과 하와에게 이 관계의 단절, 곧 죽음의 바람이 불어옵니다. 분리가 일어납니다. 코이노니아의 깨어짐이 결과로 나타납니다.

2B. 창세기 3장 7–21절을 읽고 아래에 답하십시오.

1C. 사람이 선악과를 먹자마자 제일 먼저 깨달은 것은 무엇입니까? (7절)

2C. 왜 가리려고 했습니까? (7절)

3C. 가리면 코이노니아의 상태가 어떻게 됩니까?

4C. 그 결과는 어떤 행동으로 나타났습니까? (8절)

5C. 창세기 3장 12-17절 말씀을 보면서 하나님과 사람, 사람과 사람, 또한 사람과 환경 간의 코이노니아가 어떤 모습으로 바뀌었는지를 한마디로 정의해 보십시오.

6C. 16절 말씀 후반부, 즉 남편과 아내의 관계를 예언한 말씀을 읽고 현재 부부 사이의 코이노니아라는 측면에서 문제의 원인이 무엇이고, 그 해결 방안이 무엇인지를 나눠 보십시오.

암송 구절

"너희가 그것을 먹는 날에는 너희 눈이 밝아져 하나님과 같이 되어 선악을 알 줄 하나님이 아심이니라 여자가 그 나무를 본즉 먹음직도 하고 보암직도 하고 지혜롭게 할 만큼 탐스럽기도 한 나무인지라 여자가 그 열매를 따 먹고 자기와 함께 있는 남편에게도 주매 그도 먹은지라"(창 3:5-6).

4과
화해의 시작

하나님께서는 창세 전부터 아름다운 계획을 갖고 계셨습니다. 그 계획을 실현하시기 위해서 시공간을 조성하시고 그 안에 모든 것을 만드셨습니다. 그리고 사람을 자신의 형상을 따라 지으셨습니다. 자신의 계획을 실행에 옮기기 시작하셨습니다. 그래서 선악을 알게 하는 나무를 동산 중앙에 두시고 하늘에서 쫓겨난 사탄과 그의 추종세력도 에렛츠에서 활동하게 하셨습니다. 그리고는 아프지만 지난 과에서 공부했듯이 코이노니아의 중단을 허락하십니다.

그러면 이것이 전부일까요? 이렇게 허무하게 하나님의 그 아름다운 계획이 실패로 돌아가게 하시려고 천지와 그 가운데 사람을 두셨고 사탄의 시험을 허락하셨을까요? 아닙니다. 이것이 전부가 아닙니다. 오히려 시작일 뿐입니다. 우리의 눈에 실패로 보이는 듯한 코이노니아의 중단은 '코이노니아'라는 작품의 완성을 위한 첫 번째 단계일 뿐입니다. 그것이 결과적으로 하나님으로부터 분리된 아담과 하와의 모습으로 그려져 있을 뿐입니다.

그러면 이제부터 하나님께서 어떻게 자신으로부터 분리되어 나간 사람과의 코이노니아를 회복하시는가를, 다시 말하면 어떻게 자신이 태초부터 세워 놓으셨던 아름다운 계획을 실천해 나가시는가를 공부하겠습니다.

1A. 화해의 언약

1B. 창세기 3장 9절을 읽고 아래에 답하십시오.

1C. 무슨 이야기입니까?

2C. 누가 누구를 찾습니까?

3C. 이 말씀은 어떤 영적인 진리를 내포하고 있습니까?

2B. 창세기 3장 15절을 읽고 다음의 질문들을 통하여 그 영적인 의미를 생각해 보십시오.

1C. 사탄과 여자의 싸움을 예언하고 있습니다. 무엇 때문입니까?

2C. 사탄의 자손은 누구입니까? (살후 2:3-4 참고)

3C. 여자의 후손은 누구입니까? (사 7:14-15; 마 1:18-25 참고)

4C. "여자의 후손은 네 머리를 상하게 할 것이요 너는 그의 발꿈

치를 상하게 할 것이니라." 이 말씀은 예언의 말씀입니다. 무엇에 대한 예언입니까? (골 1:19-22; 엡 1:4 참고)

3B. 창세기 3장 21절을 읽고 이를 3장 7절과 견주어서 생각해 본 후 아래에 답하십시오.

1C. 하나님이 사람에게 무엇을 하셨습니까?

2C. 누가 누구를 위해, 무엇 때문에 가죽옷을 지어 입혔습니까?

3C. '가죽옷'은 어디에서 나오는 재료로 만들었겠습니까?

4C. 그 영적인 의미는 무엇입니까? (요 1:29 참고)

2A. 언약의 중심인물

앞에서 배운 세 성경 구절들은 하나님께서 어떻게 하나님으로부터 분리된 사람을 다시 그에게로 돌아오게 하실 것인지를 약속하는 언약의 말씀들입니다. 첫째는 하나님께서 자신의 아픔을 감내하시면서 사람을 찾아가실 것이고, 둘째는 그렇게 하시기 위하여 자신을 사람의 죄를 위한 대속물로 주실 것이며, 그 결과는 잠시 죽음이라는 과정을 거쳐 부활하심으로 말미암아 사람들을 다시 살리시고 그와 더불어 영원한 참된 코이노니아를 완성시키는 것입니다.

이 계획을 이루는 데 있어 가장 중요한 역할을 감당하는 존재가 여자의 후손인 것을 배웠습니다. 다시 말하면 하나님께서 사람을 찾아가시기 위해서 사람이 되실 것이며(요 1:1-14 참고), 이 사람이 인류 역사의 중심인물이 되어서 하나님과 사람을 화목하게 하는 일을 감당할 것입니다. 이분이 이 일을 이루기 위해서 하나님께서 예정하신 과정이 있습니다.

그 과정이 바로 '발꿈치를 상하게' 되는 것과 그것으로 인하여 사람들을 위한 '가죽옷'이 되는 것입니다. 이제 신약성경을 통해서 위에 언급된 경륜이 어떻게 설명되어 있는가를 공부해 보겠습니다.

1B. 에베소서 1장 5-10절을 읽고 아래에 답하십시오.

1C. 5절 말씀에서 "그 기쁘신 뜻대로 우리를 예정"하셔서 "자기의 아들들이" 되게 하셨다고 했는데, 누구로 말미암아 그렇게 되었다고 하였습니까?

2C. 7절 말씀에서 우리의 죄가 누구의 피로 말미암아 사함 받았다고 하였습니까? 이 말씀을 이미 배운 창세기 3장 21절 말씀과 견주어서 생각해 보십시오.

3C. 9절과 10절 말씀을 읽고 묵상한 후 아래의 질문에 답하십시오.

1D. "그 뜻의 비밀"은 무슨 의미입니까?

2D. 무엇이 비밀이었습니까?

3D. 그 비밀이 지금은 어떻게 되어 있습니까?

4D. 그것이 누구 안에서 예정되었습니까?

5D. 이 비밀의 경륜을 이루는 데 있어 가장 중심인물은 결국 누구입니까? (10절 참고)

2B. 로마서 5장 6–21절을 읽고 아래에 답하십시오.

1C. "기약대로"라는 말의 의미는 무엇입니까?

2C. "경건하지 않은 자"는 누구입니까? (6절)

3C. 6-11절을 아래 질문에 따라 묵상하고 그 답을 적어 보십시오.

1D. 이 말씀 중에 제일 많이 사용되는 중요한 단어는 무엇입니까?

2D. 그 단어를 창세기 3장에서의 언약들과 비교해 보십시오.

3D. 왜 그렇게 하셔야만 했습니까? (10-11절)

4D. 이것을 이루는 데 있어서 중심인물은 역시 누구입니까?

5D. 12절에 한 사람 때문에 죄가 오고, 그 죄 때문에 모든 사람이 죄를 지었으므로 결국 모든 사람이 죽게 되었다고 하였는데, 이를 잘 설명해 보십시오.

6D. 14절 말씀의 "아담은 오실 자의 모형"이라는 말은 무슨 의미입니까?

7D. 첫째 아담과 둘째 아담을 비교해 보십시오.

1E. 15절:

2E. 16절:

3E. 17절:

8D. 이렇게 하시는 하나님의 궁극적인 이유는 무엇입니까? (8절)

암송 구절

"내가 너로 여자와 원수가 되게 하고 네 후손도 여자의 후손과 원수가 되게 하리니 여자의 후손은 네 머리를 상하게 할 것이요 너는 그의 발꿈치를 상하게 할 것이니라 하시고" (창 3:15).

5과
언약의 족보

코이노니아의 회복을 위해서는 누군가가 죽어야만 합니다. 하나님께서는 자신이 죽기로 계획하시고 이를 창세기 3장에서 예언하셨으며, 이 '비밀'을 그가 죽으시고 난 후에야 "때가 찬 경륜을 위하여 예정하신" 대로 우리에게 알리셨습니다(엡 1:9).

선악을 알게 하는 나무의 열매를 따 먹었을 경우를 대비하여 계획하여 놓으셨던 '참다운 코이노니아의 완성'을 위한 하나님의 계획이 어떻게 펼쳐졌는가를 알려주는 것이 바로 인류의 역사이며, 또한 성경의 내용이라고 할 수 있겠습니다. 그러면 이제부터 '여자의 후손'과 '뱀의 후손'의 싸움을 통한 코이노니아의 재창조를 그 역사가 전개된 대로 공부하겠습니다.

1A. 창세기 4장 1-8절을 읽고 아래에 답하십시오.

시간이 많이 지났는지 그렇지 않은지는 알 수 없지만, 얼마 후에 아담과 하와가 아들들을 낳게 되었습니다. 그 아들들의 이름은 '얻었다'라는 이름의 가인과 '올라간다'라는 뜻의 아벨입니다.

1B. 가인과 아벨의 제물은 각각 무엇이었습니까? (3, 4절)

2B. 여호와께서 누구의 제물을 받으셨습니까? (4절)

3B. 왜 그렇게 하셨다고 생각하십니까?

4B. 이에 대한 가인의 반응은 어떠했습니까? (5절)

5B. 왜 그런 반응을 보였다고 생각하십니까?

6B. 그 결과는 무엇이었습니까? (8절)

7B. 이 사건과 지난 과에서 배운 화해의 언약들은 어떤 관계가 있습니까?

2A. 창세기 4장 16-24절을 읽고 아래에 답하십시오.

1B. 가인의 하나님의 관계는 어떻게 되었습니까? (16절)

2B. 가인의 족보를 열거하십시오.

3B. 그 족보에서 두 가지 특기할 만한 점을 찾아보십시오. (19, 23절)

4B. 이 족보가 대표하는 인물은 누구인가요? (창 3:15 참고)

3A. 창세기 5장 1-32절을 읽고 아래에 답하십시오.

1B. 누구 자손의 계보입니까? (1절)

2B. 첫 번째로 나오는 아들의 이름은 무엇입니까? (3절)

3B. 그 의미를 생각해 보십시오.

4B. 셋의 족보를 열거해 보십시오.

5B. 몇 가지 특기할 만한 점들을 생각해 보십시오.

1C.

2C.

3C.

4C.

5C.

6B. 창세기 3장 15절의 언약에 비추어 볼 때, 결국 이 족보는 누구의 족보라고 할 수 있겠습니까?

암송 구절

"그 뜻의 비밀을 우리에게 알리신 것이요 그의 기뻐하심을 따라 그리스도 안에서 때가 찬 경륜을 위하여 예정하신 것이니 하늘에 있는 것이나 땅에 있는 것이 다 그리스도 안에서 통일되게 하려 하심이라"(엡 1:9-10).

6과
또 다른 시험

우리는 창세기 4장 후반부와 5장 전체를 통해서 두 개의 서로 다른 족보가 역사의 한 정점을 향해 시작된 것을 볼 수 있었습니다. 이 족보가 시작되기 전에도 그 원조들의 다툼이 있었고–아니, 다툼이라기보다는 뱀의 후손이 여자의 후손의 등장을 방해하는 사건이 있었고–또 앞으로도 계속해서 뱀의 후손이 여자의 후손의 등장을 방해하려는 사건들이 점철되어 일어나게 됩니다.

이번 과정에서는 뱀의 후손들의 또 다른 방해 공작과 여기에 대응하시는 하나님의 경륜, 그리고 그 속에 나타난 소망과 은혜의 아름다운 복음의 소식을 공부하도록 하겠습니다.

1A. 창세기 6장 1-10절을 읽고 아래에 답하십시오.

1B. 무슨 내용입니까?

2B. 하나님의 아들들은 누구입니까?

3B. 사람의 딸들은 누구입니까?

4B. 하나님의 아들들이 사람의 딸들의 무엇을 보고, 어떻게 했습니까? (2절)

5B. 그들의 행동은 결국 하나님으로부터 어떤 반응을 가져오게 하였습니까? (6, 7절)

6B. 그 계획을 하나님께서 실천하시면 '화해의 언약'은 어떻게 되겠습니까?

7B. 그 언약을 이어가시기 위해 예비해 놓으신 인물은 누구입니까? (8절)

8B. 그는 어떠한 사람이었습니까? (9절)

1C.

2C.

3C.

2A. 창세기 5장 21-32절을 읽고 아래에 답하십시오.

1B. 에녹은 어떠한 사람이었습니까? (24절)

2B. 노아와 비교해 보십시오.

3B. "동행하더니"는 무슨 뜻입니까? (24절)

4B. 그 결과 에녹은 어떻게 되었습니까?

5B. 노아도 동행하였는데 그는 에녹과 같이 되지 않았습니다(창 9:29, "그의 나이가 구백오십 세가 되어 죽었더라"). 영적인 의미는 무엇입니까?

6B. 에녹의 아들은 누구입니까?

7B. 그 이름이 뜻하는 바는 무엇입니까?

8B. 그는 몇 세 때 죽었습니까?

9B. 그와 노아의 관계는 무엇입니까?

〈적용과 토론〉 오늘 내가 하나님과 동행하는 삶을 살기 위해 결심하는 것이 있다면 나누십시오.

3A. 창세기 7장 11절을 읽고 아래에 답하십시오.

1B. 홍수가 났을 때 노아는 몇 세였습니까?

2B. 창세기 5장 27절에 따르면 므두셀라는 몇 세에 죽었습니까?

3B. 홍수가 났을 때 므두셀라는 몇 세였습니까?

4B. 성경에서 가장 오래 산 인물은 누구입니까?

5B. 왜 그를 그렇게 오래 살게 하셨다고 생각하십니까? (벧후 3:9 참고)

암송 구절

"에녹이 하나님과 동행하더니 하나님이 그를 데려가시므로 세상에 있지 아니하였더라"(창 5:24).

7과

노아와 그 후손

홍수가 지나갔습니다. 그리고 다시 이 땅에는 하나님께서 예비하셨던 창조물로 새로운 생명의 역사가 시작됩니다. 코이노니아가 없어질 듯 없어질 듯하다가 다시 끈질기게 이어져 나가는 모습을 볼 수 있습니다. 노아는 어떻게 보면 또 다른 아담입니다. 그로 인하여 새로운 인류가 시작되었기 때문입니다. 이제 하나님은 다시 노아와 그의 후손과 더불어, 창세 전부터 예정하셨던 참다운 코이노니아를 이루려고 하십니다.

그러나 죄로 한번 연약해진 인간의 마음은 기회만 있으면 하나님에게서 분리되려고 합니다. 여기에 사탄이 개입을 하여 분리를 더욱 부추깁니다. 그러나 하나님께서는 코이노니아를 강요하지 않으십니다. 떨어져 나가고 싶은 마음을 억지로 바꾸려 하시지 않습니다. 다만 그의 사랑을 보이실 뿐입니다. 그리고 우리로 하여금 선택하도록 역사하십니다.

노아 이후 아브라함까지의 인류의 역사는 바로 이러한 하나님의 의도와 이에 대한 노아의 후손들의 거절, 그리고 이런 가운데서도 움직이는 하나님의 언약의 실현 과정을 그리고 있습니다. 이제 아래의 말씀들을 통하여 그 그림이 어떻게 그려졌으며, 그것들이 의미하고 있는 것들이 무엇인지 알아보겠습니다.

1A. 창세기 9장 7절을 읽고 아래에 답하십시오.

1B. 이 말씀을 전에 어디에서 보셨습니까?

2B. 하나님이 이렇게 말씀하신 배경에는 무엇이 있다고 보십니까?

2A. 창세기 9장 20-29절을 읽고 아래 질문에 답하십시오.

1B. 노아의 죄는 무엇이었습니까?

2B. 왜 그런 죄를 범했다고 생각하십니까?

3B. 함의 죄는 무엇입니까?

4B. 셈과 야벳이 한 일은 무엇입니까?

5B. 이 사건은 우리로 하여금 어떻게 살아야 할 것을 가르치고 있습니까? ('코이노니아의 회복'이라는 측면에서 생각해 보십시오.)

6B. 결국은 역시 두 갈래로 갈라집니다. 누구와 누구의 갈래로 갈라집니까?

3A. 창세기 10장을 읽고 아래에 답하십시오.

1B. 누구의 족보입니까?

2B. 야벳 족속은 현재 누구의 조상입니까?

3B. 함 족속은 누구의 선조들입니까?

4B. 함 후손 중 가장 유명한 고대의 인물은 누구입니까? (8절)

5B. 셈 족속은 누구의 선조입니까?

6B. 이 후손에서 누가 나오게 됩니까?

7B. 창세기 4-5장의 족보와 10장의 족보의 공통점은 무엇입니까?

4A. 창세기 11장 1-9절을 읽고 아래에 답하십시오.

1B. 4절과 9절에서 "성읍과 탑을 건설하여 그 탑 꼭대기를 하늘에 닿게 하여 우리 이름을 내고…"라는 표현과, 창세기 3장 5절의 표현을 비교해 보십시오.

2B. 결국 무슨 시도를 하고자 하는 것입니까?

3B. 결과적으로 어떻게 되었습니까?

4B. 창세기 3장 내용과의 공통점을 찾아보십시오.

5B. 창세기 6장 5절의 상태와 비교해 보십시오.

6B. 이번에는 하나님께서 어떻게 심판하셨습니까?

7B. 하나님께서는 결국 어떤 사람을 찾고 계신 것입니까?

5A. 창세기 11장 10-26절을 읽고 아래의 질문에 답하십시오.

1B. 무슨 내용입니까?

2B. 이 족보가 의미하는 바는 무엇입니까?

3B. 하나님은 누구를 찾고 계십니까? (시 14:2 참고)

4B. 왜 그러십니까?

5B. 그 누구가 누구입니까?

암송 구절

"어리석은 자는 그의 마음에 이르기를 하나님이 없다 하는도다 그들은 부패하고 그 행실이 가증하니 선을 행하는 자가 없도다 여호와께서 하늘에서 인생을 굽어살피사 지각이 있어 하나님을 찾는 자가 있는가 보려 하신즉"(시 14:1-2).

8과

아브라함과 하나님의 코이노니아

창세기는 크게 두 부분으로 구성되어 있습니다. 1장부터 11장까지와, 12장부터 마지막 장까지입니다. 12장 전까지의 역사는 주로 하나님의 창조와 그 이후에 인류 전체를 대상으로 일어났던 사건들, 즉 타락, 홍수, 바벨탑 이후의 흩어짐 등의 사건들을 중심으로 전개됩니다. 그러면서도-그렇게 크게 나타나 있지는 않지만-아담, 셋, 노아, 셈으로 이어지는 한 가계의 족보가 마치 땅 밑에 숨겨져 있는 대규모의 파이프 라인처럼 이러한 사건들을 연결해 주는 것을 알 수 있었습니다. 어떻게 보면 눈에 현저히 보이는, 있다가 없어지는 역사보다도, 눈에 보이지 않지만 끊어지지 않고 이어지고 있는 이 족보의 소개가 1-11장의 사건들보다 더욱 의미가 있는 것 같습니다.

성경은 창조와 타락, 홍수와 바벨탑 등의 역사 소개가 아니라, 이러한 사건들 가운데 생성되고 이어져 갔던 하나의 족보, 즉 여자의 후손을 낳게 될 가계의 소개를 더욱 중요하게 여기고 있습니다. 그 가계의 대두가 바로 아브라함입니다. 결국 3장 이후의 인류 역사의 과정은 이 아브라함을 소개하기 위한 전주였다고 해도 무리가 없을 것입니다.

그러면 아브라함이 도대체 어떤 인물이기에 이렇게 중요하게 여겨지는 것일까요? 여기에 대한 답을 얻기 위해서는 아브라함이라는 인물이 하나님의 천지창조의 뜻에 어떻게 부합되는 인물인가를 알아보아야 합니다. 이제 이러한 관점에서 아래의 말씀들을 통해 아브라함의 삶을 공부해 보겠습니다.

1A. 창세기 12장을 읽고 아래에 답하십시오.

1B. 전체 내용을 요약하십시오.

2B. 여호와는 누구입니까?

3B. 아브라함은 어떤 처지에 살고 있었습니까?

1C.

2C.

3C.

〈참고〉 당시의 상황

창세기 11장 28절은 아브라함이 유프라테스 강을 끼고 굽이쳤던 계곡, 그 연변에 자리 잡은 갈대아 우르 땅에 살았었다고 알려주고 있습니다. 1920년부터 시작해서 1930년에 이르기까지 영국의 울리(Leonard Woolley) 경이 고고학 팀을 이끌고 이 지역을 발굴하게 되었습니다. 그 결과 우르라는 곳이 비로소 세상에 알려지게 되면서, 우르야말로 고대문명의 발상지라는 사실이 확인되었습니다. 무엇보다도 특이했던 것은, 에테베니 그루라는 직사각형으로 된 사원을 비롯하여 우르 사람들이 섬겼던 수많은 우상들(Nanna라는 달 신 등이 대표적임)이 그 당시 사람들의 삶을 지배했다는 발견이었습니다.

4B. 1절 "여호와께서 아브람에게…"라는 표현이 갖는 의미는 무엇이라고 생각하십니까?

5B. 여호와의 약속은 무엇입니까? (2-3절)

6B. 아브라함은 어떻게 응답하였습니까? (4절)

1C. "갔고"(4절)

1D. 선택

2D. 싸움

3D. 희생

4D. 모험

2C. "제단을 쌓고 여호와의 이름을 부르더니" (7, 8절)

7B. 아브라함의 순종의 대가는 무엇이었습니까? (10절)

8B. 하나님의 보상은 무엇이었습니까? (17절)

9B. 12장 전체가 내포하고 있는 영적인 의미와 코이노니아의 관계는 무엇입니까?

‘하나님과의 코이노니아’로의 초대에 응할 때 그때부터 하나님은 언제나 내 편이 되십니다(창 21:22). 이 약속을 묵상해 보시고, 이 축복을 누리십시오.

2A. 창세기 22장 1-19절을 읽고 아래의 질문들을 생각해 보십시오.

1B. 1절 말씀에 “하나님이 아브라함을 시험하시려고…”라는 표현을 묵상해 보십시오. 그리고 아래에 답하십시오.

1C. “시험”이라는 단어를 보고 생각나는 인물들을 적어 보십시오.

2C. 22장 전까지의 아브라함의 삶을 행/불행 가운데서 정의하자면?

3C. 그렇다면 하나님께서 왜 아브라함을 시험하십니까?

2B. 창세기 22장 2절을 읽고 소감을 적어 보십시오.

1C. 내가 하나님이라면 이런 주문을 하였겠습니까?

2C. “네 아들 네 사랑하는 독자 이삭”이라는 표현이 내포하고 있는 의미는 무엇이라고 생각하십니까?

3C. 이런 명령을 받은 아브라함의 마음은 어떠하였겠습니까?

4C. 내가 이런 명령을 받았다면 어떠하였을까요?

3B. 창세기 22장 3절을 읽고 아래에 답하십시오.

1C. 왜 아침 일찍 떠났을까요?

2C. 이삭과 두 사환, 자기 아들을 태울 나무들을 쪼개어 가지고 아들을 죽이러 가는 아브라함의 심정은 어떠하였겠습니까?

4B. 창세기 22장 7-12절을 읽고 아래에 답하십시오.

1C. "내 아버지여", "내 아들아"라는 표현 가운데 나타난 아브라함과 이삭의 관계는 어떠했을까요? (7절)

2C. 7절 말씀을 비추어 볼 때, "아브라함아, 아브라함아", "내가 여기 있나이다"(11절)라는 표현 가운데 나타나는 아브라함과 하나님의 관계는 어떻게 설명할 수 있겠습니까?

3C. 12절 말씀을 읽고 서로 소감을 나누어 보세요.

가장 눈에 띄는 단어는 무엇입니까?

5B. 창세기 22장 15-18절을 읽고 아래에 답하십시오.

1C. "네가 이같이 행하여…"라는 표현 속에서 여호와께서 아브라함에게 진정으로 기대하셨던 것은 무엇이었을까요? (코이노니아의 측면에서 생각해 보십시오.)

2C. 16절과 17절 사이에 "네가…하였은즉", "내가…하리니"라는 표현이 등장합니다. 이런 표현은 우리의 삶에서 누가, 어느 때에, 왜, 무엇을 하기 위해 사용되나요?

3C. 그 언약의 내용은 무엇입니까?

4C. 18절 말씀에 "네 씨로 말미암아"에서, 이 '씨'는 누구를 가리키고 있습니까?

5C. 누가 복을 받는다고 했습니까? (18절) 이 표현을 창세기 12장 3절 후반부 말씀과 비교해 보고, 느낀 점을 적어 보십시오.

6C. "네 씨가 그 대적의 성문을 차지하리라"(17절)와 창세기 3장 15절을 비교해 보십시오.

6B. 결국 이 사건은 누구를 예언한 사건입니까?

1C. 4절의 "제3일"을 유의하여 보십시오.

2C. 모리아 산을 생각해 보십시오.

3C. 2절의 "네 아들", "네 사랑하는 독자"라는 표현을 요한복음 3장 16절과 비교해 보십시오.

4C. "…나무를 가져다가", "이삭에게 지우고"(6절)라는 표현과, 십자가를 친히 지신 예수님을 비교해 보십시오.

5C. 이런 시련을 당하는 이삭의 자세와 이사야 53장 7절을 비교해 보십시오(참고: 마 26:23, 27:12).

6C. 13절을 묵상해 보십시오.

7C. 14절 말씀 가운데 나타나 있는 하나님의 준비와 우리의 현재 처지, 그리고 그곳에 나타나 있는 하나님의 은혜를 발견해 보십시오.

8C. 이 사건을 창세기 3장에서 공부한 '화해의 언약'이라는 측면에서 전체적으로 재조명해 보십시오.

토론제목

이 사건은 하나님께서 아브라함을 시험하시려고 시작하신 사건입니다. 그러면서도 '화해의 언약'을 재확인하고, 후대에 사는 우리에게 코이노니아의 교훈을 가르쳐 주기 위해 주장하시고 인도하신 하나님의 철저한 개재(介在)와 이끄심(initiation)이 있는 사건입니다. 그러나 혹 이렇게 생각해 볼 수도 있습니다. 아브라함은 자신의 22장 바로 전의 삶 가운데서 무슨 생각을 하고 있었을까요? 아브라함이 스스로 자신의 신앙을 생각했을 때, 하나님이 무엇무엇을 이렇게 저렇게 나에게 주셨기 때문에 하나님을 사랑했을까요, 아니면 정말 순수한 마음으로 여호와 하나님을 사랑했을까요? 만약 이런 마음으로 이삭을 하나님께 드리려고 했다면 어땠을까요? 이런 관점에서 이 사건을 본다면 어떤 생각이 떠오르십니까?

나의 현재의 신앙 자세를 아브라함의 자세에 비추어 볼 때, 어떤 점에서 나의 신앙을 수정해야 하는지 생각해 보십시오. 느낀 점을 아래에 적고 토론해 보세요.

암송 구절

"내가 네게 큰 복을 주고 네 씨가 크게 번성하여 하늘의 별과 같고 바닷가의 모래와 같게 하리니 네 씨가 그 대적의 성문을 차지하리라 또 네 씨로 말미암아 천하 만민이 복을 받으리니 이는 네가 나의 말을 준행하였음이니라 하셨다 하니라"(창 22:17-18).

9과
이스라엘과 하나님의 코이노니아

1A. 출애굽기 1장 1-14절 말씀을 읽고 아래에 답하십시오.

1B. 이스라엘 백성들은 어떻게 애굽 땅에 살게 되었습니까?

2B. 애굽 백성과 이스라엘 백성의 관계는 어떠하였습니까?

3B. 결과적으로 이스라엘 백성들은 어떤 처지에 놓이게 되었습니까?

2A. 출애굽기 2장 1-10절 말씀을 읽고 아래에 답하십시오.

1B. 누구의 이야기입니까?

2B. 출생 시 상황이 어떠했습니까?

3B. 어떻게 해서 살아남게 되었습니까?

4B. 모세의 출생과 예수님의 탄생 경위를 비교해 보십시오(마 2:1-18).

3A. 출애굽기 6장 1-9절을 읽고 아래에 답하십시오.

1B. 무슨 내용의 말씀입니까?

2B. 1절에 세 이름이 나옵니다. 그 이름들을 써보십시오. 그리고 이들의 역할이 무엇인지 생각해 보세요.

3B. 출애굽기 6장 4-8절을 읽고 아래에 답하십시오.

1C. 누구와 언약하셨다고 하셨습니까?

2C. 그 언약의 내용은 무엇입니까?

3C. 그 언약의 결과는 무엇입니까?

4B. 출애굽기 6장 9절에 나타난 이스라엘 백성들의 반응은 어떠하였습니까?

5B. 본문의 언약과 창세기 3장 15절의 언약, 그리고 아브라함에게 하셨던 언약을 비교해 보세요.

4A. 출애굽기 12장 1-14, 21-28절을 읽고 아래에 답하십시오.

1B. 무슨 내용입니까?

2B. 결국 이스라엘 사람들을 구원하는 데 하나님께서 예비하신 방법은 무엇입니까?

3B. 이 말씀 가운데서 예수님에 대한 예언과 십자가를 찾아보십시오.

4B. 출애굽기 12장 8절의 무교병과 쓴 나물에 대해 묵상해 보십시오.

5B. 출애굽기 12장 9절의 "불에 구워 먹고"의 뜻을 생각해 보십시오.

6B. 출애굽기 12장 11절의 "허리에 띠를 띠고 발에 신을 신고 손에 지팡이를 잡고 급히 먹으라"의 의미를 생각해 보십시오.

7B. 출애굽기 12장 13절에서 중심이 되는 단어는 무엇입니까? 이 단어를 로마서 3장 25절 말씀과 비교해서 생각해 보십시오. 또한 창세기 3장에 예언된 말씀과도 견주어 생각해 보세요.

8B. 출애굽기 12장 21-28절을 읽고 아래에 답하십시오.

1C. 양을 잡고 그 피를 취하여 우슬초로 인방에 바르면 구원받는다는 약속입니다. 이 약속을 들은 이스라엘 사람들은 어떤 반응을 보였습니까?

2C. 결국 이스라엘 백성들은 어떻게 했나요?

3C. 위의 반응과 출애굽기 6장 9절에서의 반응을 비교해 보고, 이스라엘과 하나님의 코이노니아 측면에서 생각해 보십시오.

토론제목

오늘 공부하신 내용들을 전체적인 측면에서 생각해 볼 때에 느낀 소감들을 서로 나누어 보시길 바랍니다. 왜 하나님께서는 이스라엘 백성들을 애굽 땅에 살게 하셨을까요? 왜 모세가 필요했으며, 왜 이 백성들을 이렇게 어렵게 애굽 땅에서 인도하시는지 등을 묵상해 보고, 이런 사건들 가운데 나타나 있는 하나님의 경륜과 은혜를 현재 우리 삶에 적용해 보십시오.

암송구절

"내가 애굽 땅을 칠 때에 그 피가 너희가 사는 집에 있어서 너희를 위하여 표적이 될지라 내가 피를 볼 때에 너희를 넘어가리니 재앙이 너희에게 내려 멸하지 아니하리라" (출 12:13).

10과
코이노니아의 기쁨과 아픔

괴로움과 학대, 고역과 엄함, 이로 인한 고통과 신음 가운데서 이스라엘 백성들이 여호와께 부르짖었을 때에, 여호와께서 그가 계획하셨던 그의 경륜에 따라 모세를 준비하시고, 그를 통하여 그의 백성들을 죄와 사망의 땅 애굽에서 구원해 내셨습니다. 그리고 그들을 가나안 땅으로 인도하시기 전에 먼저 광야로 부르십니다.

목적지는 '젖과 꿀이 흐르는 땅, 가나안'입니다. 그러나 그곳에 도착하기 위해서는 반드시 광야의 생활을 통과하여야 합니다. 왜 이런 광야에서의 기간이 필요합니까? 애굽에서 가나안까지 도보로는 2주 정도면 갈 수 있는 여정입니다.

만약 가나안에 도착하는 것만이 하나님께서 이스라엘 백성을 구하셨던 목적이라면, 그분께서 함께하시는데 2주가 아니라 1주라도 도착하지 못할 것이 없지 않습니까? 여기서 우리는 하나님께서 이스라엘을 구원하신 이유가 단순히 가나안을 정복하기 위해서가 아니었음을 이해할 수 있습니다. 그곳에 도착하는 것도 중요하지만, 그보다 더 중요한 목적이 있기에 이들을 40여 년 동안 광야에서 생활하게 하신 후 가나안에 인도하셨던 것이라고 판단할 수 있습니다.

더 중요한 목적이란 무엇일까요? 바로 하나님과 이스라엘 간의 사귐입니다. 구원받고 영생을 얻는 것도 중요하지만, 그보다 더 중요한 것은 같이 교제할 수 있느냐 없느냐입니다. 현재 같이 교제할 수 없다면 훈련을 쌓고 연단을 받아 점차적으로 교제할 수 있게 하여야 합니다. 이런 과정은 반드시 필요합니다. 이런 과정이 바로 이스라엘 백성들에게 광야생활이 필요했던 이유입니다. 그들의 수천 년 전 광야의 삶이 그 후세인 우리에게 거울이 되어 우리를 하나님과의 온전한 교제로 나아가게 하는 것입니다(고전 10:6).

그러므로 이제 아래의 말씀들을 공부하면서 하나님과 이스라엘 백성들이 모세를 중보자로 하여 어떻게 교제했으며, 그것이 무슨 의미가 있는지 알아보겠습니다.

1A. 출애굽기 16장 1-12절을 읽고 아래에 답하십시오.

1B. 내용을 요약하십시오.

2B. 이스라엘 백성들이 원망하기 시작했습니다. 그 이유는 무엇입니까? (3절)

3B. 내가 이스라엘 백성이라면 어떠하였겠습니까?

4B. 여호와의 반응은 어떠하였습니까? (12절)

5B. 내가 여호와라면 어떻게 했었을까요?

6B. 4절 후반부 말씀 중 "이같이 하여 그들이 내 율법을 준행하나 아니하나 내가 시험하리라"라는 표현을 놓고 토론해 보십시오.

7B. "여호와의 영광이 구름 속에 나타나더라"(10절)는 말씀이 갖고 있는 의미를 생각해 보십시오.

2A. 출애굽기 17장 1-7절을 읽고 아래에 답하십시오.

1B. 내용을 요약하십시오.

2B. 무엇이 문제였습니까?

3B. 모세는 백성들의 자세를 어떻게 표현하였습니까? (2절)

4B. 이스라엘 백성들의 원망을 읽고 어떤 기분을 느끼십니까? (3절)

5B. 여호와의 반응은 어떠하였습니까? (5절)

6B. 누가 누구를 시험한 것입니까? (7절)

7B. 무엇 때문에 시험했습니까?

8B. 출애굽 전부터 시작하여 바로 이 사건 전까지 여호와의 역사를 수없이 경험한 이스라엘 백성들이 "여호와께서 우리 중에 계신가, 안 계신가?"라는 의구심을 가졌다는 것을 생각해 보십시오. 결국 그들에게 필요한 것은 무엇입니까? 무엇이 중요하다고 생각하십니까?

3A. 출애굽기 19장 1-8, 16-19절을 읽고 아래에 답하십시오.

1B. 무슨 이야기입니까?

2B. 이 사건이 벌어졌던 장소는 어느 곳입니까? (2절)

3B. 여호와는 어떤 신이십니까? (5절)

4B. 여호와와 이스라엘, 그리고 열국들의 관계는 어떠한 관계입니까? (5절)

5B. 8절 말씀을 읽고 느낀 소감을 아래에 써보십시오.

6B. 출애굽기 19장 16-19절을 묵상하고 아래에 답하십시오.

1C. 어떤 내용입니까?

2C. 누구와 누가 만나는 장면입니까?

3C. 무슨 의미가 있다고 생각하십니까?

하나님과 이스라엘 백성은 모세를 중보자로 하여서 기본적인 코이노니아의 관계를 정립하였습니다. 그러나 지금까지는 이 관계가 하나님이 이스라엘 백성들에게 그의 사랑을 일방적으로 보여주신 관계에 불과했다는 것을 공부했습니다. 그렇다면 이제까지 공부했던 코이노니아의 참된 모습이 아직 하나님과 이스라엘 백성 사이에 이루어지지 않았다는 것을 알 수 있습니다. 참된 코이노니아는 일방적인 것이 아닌, 쌍방적인 것이기 때문입니다.

이제 성경은 출애굽기 20장부터 지금까지의 일방적인 관계를 쌍방적인 관계로 바꾸어 그 관계를 참되게 하려는 하나님의 뜻을 보여주고 있습니다. 그래서 십계명으로부터 시작되는 '율법'을 이스라엘 백성들에게 제시하여, 이스라엘과의 코이노니아를 서로 책임이 있는 관계로 발전시키려고 하십니다.

그러므로 모세의 율법은 '선악을 알게 하는 나무와 그 열매들'의 또 다른 모습이라고 볼 수 있습니다. 옷만 바꾸어 입은, 그러나 속은 같은 하나님의 일관된 모습, '참된 코이노니아에 대한 주문'(demand)임을 이해하게 됩니다.

4A. 출애굽기 32장 1-14절을 읽고 아래에 답하십시오.

1B. 내용을 요약하십시오.

2B. 이스라엘 백성들이 왜 범죄하게 되었습니까? (1절)

3B. 그러나 그보다 더 근본적인 이유는 무엇이라고 생각하십니까? 어떤 죄를 범하였는지 알아보고 그와 연관 지어 생각해 보십시오. (4절)

4B. 이때 하나님께서는 어떻게 반응하셨나요?

5B. 모세는 어떤 반응을 보였습니까? (11–13절)

6B. 모세와 하나님의 반응을 비교해 보고 서로 토론해 보십시오. 하나님이 모세보다 마음이 좁으십니까? 아니면 어떻게 생각하십니까?

7B. 결국 하나님께서는 어떻게 하셨습니까? (14절)

8B. 하나님과 이스라엘 백성들, 그리고 모세와의 관계 속에서 발견할

수 있는 영적 교훈들을 아래에 적어 보십시오.

9B. 이 사건과 창세기 3장의 사건을 비교해 보고 토론해 보십시오.

암송 구절

"세계가 다 내게 속하였나니 너희가 내 말을 잘 듣고 내 언약을 지키면 너희는 모든 민족 중에서 내 소유가 되겠고 너희가 내게 대하여 제사장 나라가 되며 거룩한 백성이 되리라 너는 이 말을 이스라엘 자손에게 전할지니라" (출 19:5-6).

11과

성막과 코이노니아

모세가 시내 산에서 하나님으로부터 율법을 받게 되었습니다. 이 율법은 책임 있는 코이노니아를 추구하시는, 다른 표현을 빌리자면 하나님과 인간 간의 사랑의 완성을 위한 도구임을 배웠습니다. 율법을 이러한 측면에서 설명하여 주는 것이 바로 성막(Tabernacle)입니다.

율법의 책임성을 감싸고 있는 하나님의 사랑의 배려를 나타내시고자 하나님께서는 시내 산에서 율법과 더불어 성막의 청사진을 모세에게 받게 하셨습니다(출 25:1-31:18). 이제 이 성막에 대한 공부를 함으로써 하나님의 창세 전부터의 계획이 어떻게 일관성 있게 이루어져 가고 있는지를 알아보겠습니다.

1A. 출애굽기 25장 1-9절을 읽고 아래에 답하십시오.

1B. 내용을 요약하십시오.

2B. 무엇을 위한 예물들입니까? (8절)

3B. 그 예물들의 종류는 무엇입니까? (3-7절)

4B. 그런 예물들을 어떻게 가져오라고 하셨습니까? (2절)
그 뜻이 의미하는 바는 무엇입니까?

5B. 성소의 역할은 무엇입니까? (8절)

6B. 8절에 "그들 중에 거할"이라는 표현을 놓고 토론해 보십시오(창 3:9; 요 1:14 참고).

2A. 출애굽기 25장 10-22절을 읽고 아래에 답하십시오.

1B. 무엇에 대한 설명입니까?

2B. 가로는 두 규빗 반(112.5Bm) 정도이고, 세로와 높이는 한 규빗 반(67.5Bm) 정도 되는 이 궤는 무엇으로 만들라고 했습니까? (10-13절)

3B. 17절은 무엇에 대한 설명입니까?

4B. 그것에 대하여 설명해 보십시오. (17-21절)

5B. 궤 안에 들어갈 것은 무엇입니까? (16, 21절)

6B. 22절을 읽고 '속죄소'의 역할을 써보십시오.

3A. 출애굽기 25장 23-40절을 읽고 아래에 답하십시오.

1B. 무슨 기물들에 대한 이야기입니까?

2B. 무엇으로 만들라고 하였습니까?

4A. 출애굽기 26장 31-35절을 읽고 아래에 답하십시오.

1B. 무엇에 대한 이야기입니까?

2B. 휘장을 어떻게 짜라고 하였습니까? (31절)

3B. 휘장 안에 있는 것은 무엇입니까? (33절)

4B. 휘장 밖에 있는 기물들은 무엇입니까? (35절)

5B. 안과 밖을 어떻게 부릅니까?

5A. 출애굽기 27장 1-21절을 읽고 아래에 답하십시오.

1B. 출애굽기 27장 1-8절은 무엇에 대한 기술입니까?

2B. 무엇으로 만들라고 했습니까?

3B. 주로 사용된 금속은 무엇입니까? (3, 6절)

4B. 출애굽기 27장 9-19절은 무엇에 대한 기술입니까?

6A. 출애굽기 30장 17-21절을 읽고 아래에 답하십시오.

1B. 무엇에 대한 이야기입니까?

2B. 어디에 놓게 되어 있습니까?

3B. 무엇으로 만들게 됩니까?

아래의 그림을 참고하여 위의 성막의 청사진을 숙지하십시오.

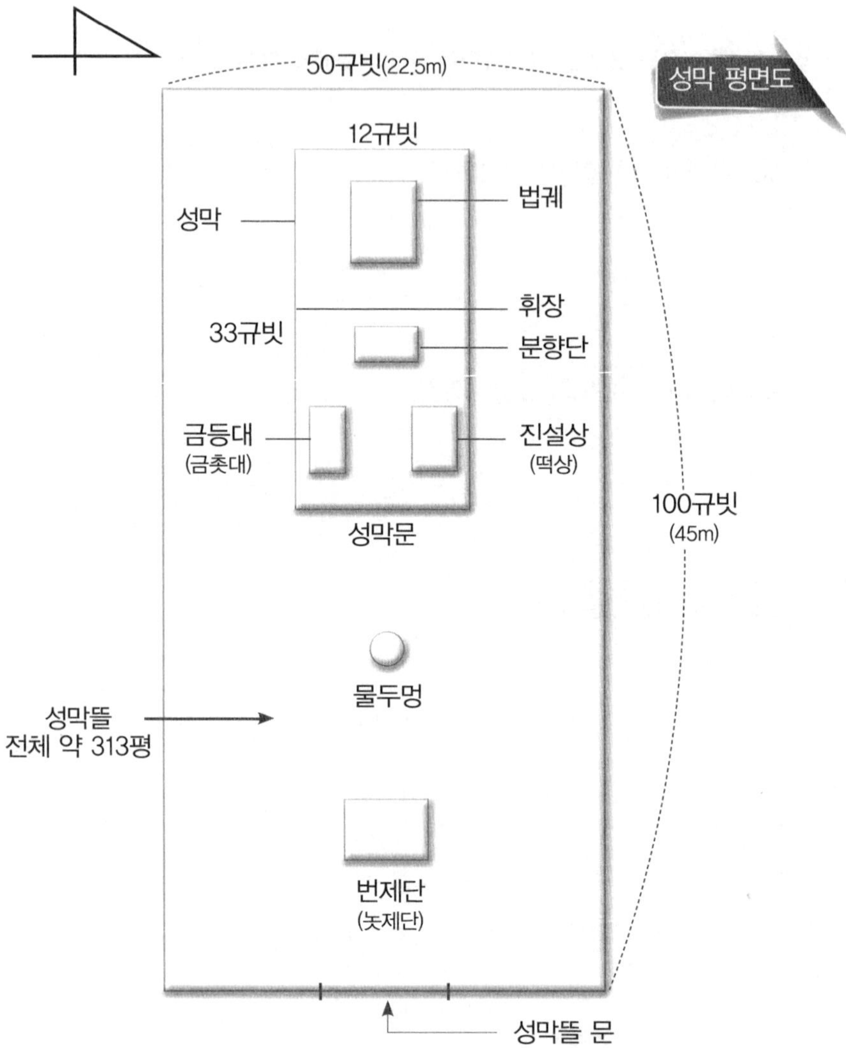

7A. 출애굽기 28장 1-5절을 읽고 아래에 답하십시오.

1B. 무엇에 대한 지시입니까?

2B. 제사장 직분은 무엇입니까?

3B. 아론에게 어떻게 하라고 하였습니까?

8A. 출애굽기 30장 1-10절을 읽고 아래에 답하십시오.

1B. 무엇에 대한 이야기입니까?

2B. 이 단은 어디에 놓여 있습니까? (6절)

3B. “이 향은 너희가 대대로 여호와 앞에 끊지 못할지며”의 의미를 묵상해 보십시오. (8절)

4B. 이 향단 뿔을 언제, 어떻게 속죄하나요? (10절, 참고 레 23:27)

5B. 그 의미를 토론해 보십시오.

9A. 히브리서 9장 1-12절을 읽고 아래에 답하십시오.

1B. 내용을 요약하십시오.

2B. 등대와 향단과 진설병에 대하여 묵상해 보십시오.

3B. 언약궤 안에는 무엇이 들어 있습니까? (4절)
그것들은 무엇을 말해주고 있는 것들입니까?

4B. 속죄소를 덮는 영광의 그룹들은 무엇을 대표하고 있습니까? (5절)

5B. 속죄소와 언약궤, 그리고 영광의 무리들이 있는 곳에는 언제, 누가, 어떻게 들어갑니까? (7절)

6B. 무엇 때문에 들어갑니까? (7절)

10A. 히브리서 9장 23-28절을 읽고 아래에 답하십시오.

1B. 결국 성막은 무엇의 모형입니까? (23절)

2B. 이런 것들의 궁극적인 목적은 무엇입니까? (28절)

11A. 마태복음 27장 51절을 읽고 묵상한 후 서로 그 의미를 토론해 보십시오.

암송 구절

"구름이 회막에 덮이고 여호와의 영광이 성막에 충만하매 모세가 회막에 들어갈 수 없었으니 이는 구름이 회막 위에 덮이고 여호와의 영광이 성막에 충만함이었으며"(출 40:34-35).

12과

이스라엘 역사와 코이노니아 1

진실한 코이노니아를 원하셨던 여호와 하나님께서 그 상대인 인간들과 교제하시려고 율법을 주셨고, 성막을 건축하게 하여 그 가운데에 거하셨습니다. 이제는 하나님이 다시 사람 가운데 거하며 운행하십니다. 하나님으로부터 도망갔던 인간에게 하나님이 찾아오셔서 그들 중에 거하시게 되었습니다. 이스라엘 백성들에게 제사장 직분을 감당하게 하시면서(출 19:6) 이제 이 '제사장 나라와 거룩한 백성'을 통하여 전 세계와 인류에 자신을 나타내셔서 교제하시려고 하십니다. 이제 민수기 시대부터 전개되는 이스라엘의 역사를 통해 이 하나님의 계획이 어떻게 진행되었는지를 공부하겠습니다.

1A. 개관

1B. 다음의 도표를 공부하십시오.

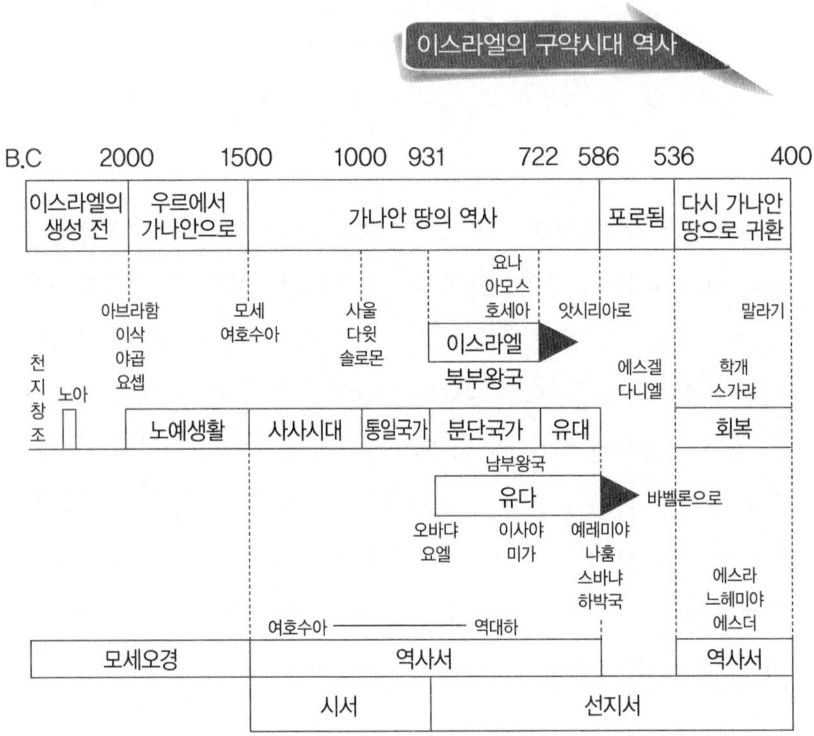

이스라엘 12지파의 캠프 배열도

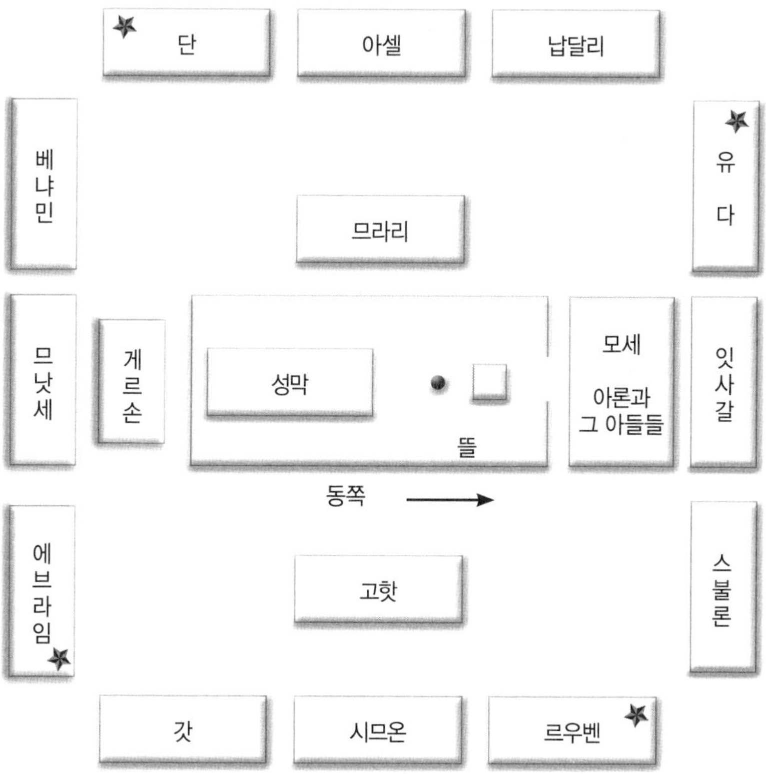

민수기 2장

2A. 민수기 2장을 읽고 아래에 답하십시오.

1B. 무슨 내용입니까?

2B. 제일 가운데는 무엇이 있습니까? (17절)

3B. 이스라엘 자손의 여호와께 대한 자세가 어떠하였습니다? (34절)

4B. 무엇을 배우게 됩니까?

3A. 민수기 9장 15-23절을 읽고 아래에 답하십시오.

1B. 내용을 요약하십시오.

2B. 이스라엘 회중에 거하시는 하나님과 백성들의 관계는 어떻게 묘사되어 있습니까?

3B. 이 말씀 중 가장 열쇠가 되는 단어는 무엇입니까? (17, 18, 19, 20, 22절)

4B. 우리에게 주는 교훈은 무엇입니까?

참으로 아름다운 관계입니다. 하나님은 백성 중에 거하시며 그들과 함께 광야생활하기를 기뻐하시면서 길잡이가 되시며, 백성들은 이 하나님을 사랑하고 경외하여 그 말씀대로 행하기를 즐겨하면서 하나님의 뜻이 하늘에서 이루어진 것같이 광야생활의 이스라엘 캠프에서 이루어지고 있습니다. 그런데 이 아름다운 관계도 잠시뿐이었습니다. '나'를 주장하는 죄가 하나님과 백성 사이를 다시 벌어지게 합니다. 민수기 10장 이후의 사건들은 다시금 하나님이 그들 중에 거하심에도 거듭 죄를 범하는 백성들의 신실치 못함을 기록하고 있습니다.

※ 민수기 11:1-9, 12:1-3, 14:1-10, 16:1-3

결국 하나님께서 공의로 백성들을 판단하셔야 할 수위까지 백성들의 하나님께 향한 범죄가 극에 달해 있었습니다. 다시 하나님과 이스라엘 간의 코이노니아가 완전히 단절될 위기의 순간까지 찾아오게 됩니다. 이제 아래의 말씀을 읽으면서 이 사건이 어떻게 전개되는가를 공부하겠습니다.

4A. 민수기 21장 4-9절을 읽고 아래에 답하십시오.

1B. 내용을 요약하십시오.

2B. 왜 이스라엘 자손들이 쉽게 죄를 범하게 되었다고 생각하십니까?

3B. 하나님이 불뱀을 보내셔서 많은 백성을 죽이셨습니다. 하나님이 불의하십니까?

4B. 모세는 백성을 위해 무엇을 하였습니까?

5B. 모세의 기도에 대한 하나님의 응답은 무엇이었습니까?

6B. 하나님의 딜레마는 무엇이라고 생각하십니까?

7B. 결국 하나님의 또 다른 성격이 그분의 공의의 성격을 감싸고 있습니다. 그 또 다른 성격은 무엇입니까?

8B. '불뱀을 장대에 달아' 그 뱀을 쳐다본 사람은 다 살게 되었습니다. 이 사건을 요한복음 3장 14-16절의 말씀과 비교하며 아래에 답하십시오.

1C. 예수님은 이 뱀을 누구와 비교하셨습니까?

2C. 장대는 무엇을 예언하고 있습니까?

3C. 예수님은 하나님이신데 결국 하나님이 인간과의 관계에서 자신을 어떤 위치에 놓으신 것입니까?

4C. 결국 결론적으로 하나님은 우리를 어떻게 대하고 계십니까? (요 3:16)

9B. 이 사건 전체가 누구 때문에 일어났으며, 지금 이 순간에도 하나님이 '나'에게 원하시는 것은 무엇입니까?

암송 구절

"여호와는 네게 복을 주시고 너를 지키시기를 원하며 여호와는 그의 얼굴을 네게 비추사 은혜 베푸시기를 원하며 여호와는 그 얼굴을 네게로 향하여 드사 평강 주시기를 원하노라 할지니라 하라"(민 6:24-26).

13과
이스라엘 역사와 코이노니아 2

민수기 21장 4-9절 사건으로 단절될 것 같았던 하나님과 이스라엘 백성들의 관계는 다시 좋은 관계로 회복이 됩니다. 그리고 모세가 죽은 후 여호수아의 인도로 그렇게 고대하던 가나안 땅에 들어가게 되고, 그곳에 정착하게 됩니다.

그러나 하나님은 이 백성이 어떤 성정(性情)을 갖고 있는 백성인지 아셨습니다. 그래서 신명기 말씀에 나타나 있는 대로 모세를 통하여 강력한 권고를 하십니다. 이 권고대로 하면 "우리 중에 거하시는" 여호와께서 계속 "우리 중에" 머무시겠고, 그렇지 아니하면 우리를 떠나시겠다는 권고 및 경고였습니다. 이제 이스라엘 역사 가운데서 이 하나님의 권고가 어떻게 받아들여졌으며, 그 결과 하나님의 경고는 어떻게 이루어졌는가를 공부하겠습니다.

1A. 신명기 6장 1-15절을 읽고 아래에 답하십시오.

1B. 전체의 내용을 요약해 보십시오.

2B. 무엇을 어떻게 하면 하나님께서 어떻게 하시겠다고 하였습니까? (2-3절)

3B. 2절에서 "네 날을 장구하게 하기 위한"이란 표현과 3절에서 약속된 "젖과 꿀이 흐르는 땅에서 네가 크게 번성하리라"라는 표현을 놓고 토론해 보십시오.

4B. 1절의 "명령과 규례와 법도"를 한마디로 요약한 말씀이 본문 중에 나옵니다. 그것이 무엇입니까?

5B. 그렇게 하지 않았을 경우 어떤 결과가 올 것이라고 경고하고 있습니까? (15절)

6B. 그렇게 하지 못하게 하는 원인도 예언되어 있습니다. 그것이 무엇입니까? (10-11절)

7B. 나에게 어떻게 적용하시겠습니까? (12-13절)

2A. 지난 과에서 공부하였던 구약시대의 이스라엘 역사 중 가나안 땅에서의 역사(여호수아 때부터 포로로 잡혀가기 전까지)를 복습하십시오.

1B. 몇 시대로 구분할 수 있습니까?

2B. 전체의 흐름이 어떠하였습니까?

3B. 나중에는 어떻게 되었습니까?

4B. 무엇을 느끼십니까?

5B. 많은 선지자들이 나타났습니다. 코이노니아 측면에서 이들은 누구이며, 왜 나타났습니까?

3A. 열왕기상 10장 14절부터 11장 8절을 읽고 아래에 답하십시오.

1B. 느끼신 소감을 나누어 보십시오.

2B. 신명기 17장 14–17절을 읽고 이 명령과 솔로몬이 한 일을 놓고 비교해 보십시오.

3B. 본문 말씀과 신명기 6장 10–12절 말씀과도 비교해 보고 토론해 보십시오.

4B. 신명기 6장 15절 말씀의 경고가 사실이라면 결국 이와 같은 죄를 범한 솔로몬과 그를 따르던 백성들, 그리고 그 나라가 어떻게 되어야 합니까? (왕상 11:9-13, 11:14-12:33; 왕하 17:18 참고)

4A. 선지서들을 공부해 보면 그 당시 이스라엘과 유대 나라의 일반적 상황이 어떠하였는가를 잘 알 수 있습니다. 아래의 말씀들을 공부하면서 이스라엘과 유대 백성들의 하나님께 향한 자세가 어느 정도였는지 알아보십시오.

1B. 이사야 1장 3-4절

2B. 이사야 5장 20절

3B. 아모스 8장 4-6절

4B. 이사야 1장 23절

5B. 예레미야 5장 31절, 6장 13–14절; 이사야 28장 7절; 에스겔 34장 2절; 예레미야 23장 1, 16, 21, 25, 26절

6B. 지금 우리의 상황과 비교해 보면 어떻습니까?

모세의 인도로 출애굽한 이스라엘 백성을 하나님께서 시내 산으로 데리고 가셔서 그곳에서 영광 가운데 나타나셨습니다(출 19:16-18). 그리고 율법과 성막을 주시면서 이스라엘 백성 가운데 거하시기 시작하셨습니다(출 40:34). 그런데 그 거(居)하심은 조건부였습니다. 곧 이스라엘 백성이 제2의 선악을 알게 하는 나무, 즉 시내 산에서 내려주신 율법을 지키느냐 못 지키느냐에 따라 하나님의 영광의 임재가 존속하느냐, 떠나느냐의 조건부적 언약이었던 것입니다.

그러나 이스라엘 백성들은 그들의 책임을 준수하지 않았습니다. 그래서 조건에 따라 그 나라가 망하게 되고, 백성들은 앗시리아와 바빌로니아로 유배를 가게 되었던 것입니다. 그러면 성막에 임재하셨던

하나님의 영광은 어떻게 되었습니까? 하나님께서 그렇게 원하셨던 코이노니아의 상징인 하나님의 영광은 어떻게 되었습니까? 하나님께서 그렇게 원하셨던 코이노니아의 상징인 하나님의 영광(Shekinah Glory)은 그대로 범죄한 인간 중에 머무를 수가 없는 것입니다. 이제 아래의 성경을 통하여 이 하나님의 영광이 어떻게 이스라엘 백성을 떠나게 되는지를 알아봄으로써 변화무쌍한 하나님과 인간 간 관계의 또 다른 전개를 공부해 보겠습니다.

5A. 에스겔 8장 1-18절 말씀을 읽고 아래에 답하십시오.

1B. 에스겔을 인도한 분은 누구입니까? (3절)

2B. 에스겔이 간 곳은 어디입니까? (3절)

3B. 제일 먼저 본 것은 무엇입니까? (4절)

4B. 북쪽에 있었던 것은 무엇입니까? (5절)

5B. 이스라엘 족속이 행했던 '가증한 일'들은 무엇이었습니까? (10-16절)

6B. 그 일들의 결과는 무엇입니까? (6절)

6A. 아래의 말씀들을 찾아보고 하나님의 영광이 어떤 순서로 그가 거하던 곳을 떠나시는지 공부해 보십시오.

1B. 에스겔 9장 3절

2B. 에스겔 10장 3-5절

3B. 에스겔 10장 18–19절

4B. 에스겔 11장 22–23절

5B. 무엇을 느끼십니까?

6B. 나의 삶에 어떻게 적용하시겠습니까?

암송 구절

"이스라엘아 들으라 우리 하나님 여호와는 오직 유일한 여호와이시니 너는 마음을 다하고 뜻을 다하고 힘을 다하여 네 하나님 여호와를 사랑하라"(신 6:4-5).

14과
교회와 코이노니아 1

그룹들이 있는 곳에서 성전 문지방으로, 성전 문지방에서 바깥 뜰로, 그곳에서 성전 동문으로, 성전 동문에서 성중으로, 그곳에서 다시 성 동쪽의 예루살렘 성을 내려다볼 수 있는 산으로, 이렇게 떠날 듯, 떠날 듯 하면서도 떠나고 싶지 않은, 그러나 떠나야만 하는 애타는 모습을 보여주면서 하나님의 영광(Shekinah Glory)이 이스라엘 백성을 떠났습니다. "선악을 알게 하는 나무의 열매는 먹지 말라 네가 먹는 날에는 반드시 죽으리라"(창 2:17)라는 말씀이 다시 적용될 수밖에 없었습니다.

그러면 하나님의 궁극적인 인간창조의 목적인 하나님과 사람 사이의 코이노니아는 이스라엘 백성들의 불순종으로 말미암아 그 성취가 완전히 좌절된 것일까요? 사탄이 다시 한 번 승리한 셈이 된 것입니까? 그렇습니까? 그럴 수는 없습니다. 이때 기억해야 할 하나님의 예언이 있습니다. "너는 그의 발꿈치를 상하게 할 것이니라"(창 3:15). 이스라엘 자손들의 불순종은 여자의 후손의 발꿈치 정도만 상하게 되는 일이라는 말씀입니다.

하나님의 궁극적인 뜻은 우리 인생들의 순종, 불순종 여부를 떠나 반드시 이루어지게 되었습니다. 길을 달리할 뿐이지 그 목적지에는 반드시 도착하게 되어 있습니다.

1A. 열강의 우세

시내 산에서 하나님의 영광을 모신 이후로 이스라엘은 비록 나라는 작았지만 정치, 경제, 사회, 문화 등 모든 면에서 다른 나라들을 압도하기 시작하여 솔로몬 시대에는 그 영향력의 극치를 이루게 되었습니다. 그러나 그 영광이 떠났습니다. 따라서 자연스러운 결과이지만 그 나라와 백성들이 행사하여 왔던 하나님의 영광으로부터 연유된 이스라엘의 영향력도 썰물이 밀려 나가듯이 밀려나게 되었습니다.

이제는 이스라엘이 사라지고 그 주변국들이 열강이 되어 등장하기 시작했고 드디어는 북부 왕조는 앗시리아에게(BC 722), 남부 유다 왕조는 바빌로니아라는 새로운 세력에게 침략을 당하고 포로로 잡혀가기에까지 이르게 됩니다(BC 605-586).

포로가 되어서 전 세계에 흩어지는 유대인을 향하신 하나님의 경륜이 무엇일까요?

"… 땅의 모든 족속이 너로 말미암아 복을 얻을 것이라"(창 12:3).

이 계획이 이루어지는 것입니다. 사탄은 하나님과 이스라엘의 코이노니아에 끼어들어서 이 둘을 갈라놓는 데 성공한 듯하지만 역으로 하나님께서는 이 기회를 통하여 이제 자신의 계획을 한층 더 넓고 깊게 펼치려고 하십니다.

이러한 하나님의 경륜을 예언으로 설명한 책들이 바로 예언서(선지서)들입니다. 이제 이 예언서의 말씀들을 공부하면서 하나님께서 어떻게 이스라엘 백성들의 불순종과 그에 따른 고난을 통해서 자신의 계획을 이루시겠는가를 공부하겠습니다.

2A. 다니엘 2장 전체를 읽고 아래에 답하십시오.

1B. 느부갓네살 왕이 꾼 꿈의 내용을 설명해 보십시오.

2B. 다니엘의 해석은 어떠하였습니까?

1C.

2C.

3C.

4C.

5C.

3B. 느부갓네살 이후의 세계 판도에 대한 예언입니다.

이 예언을 보고 아래의 도표를 참조하면서 이 예언이 어떻게 이루어졌는가를 토론해 보십시오.

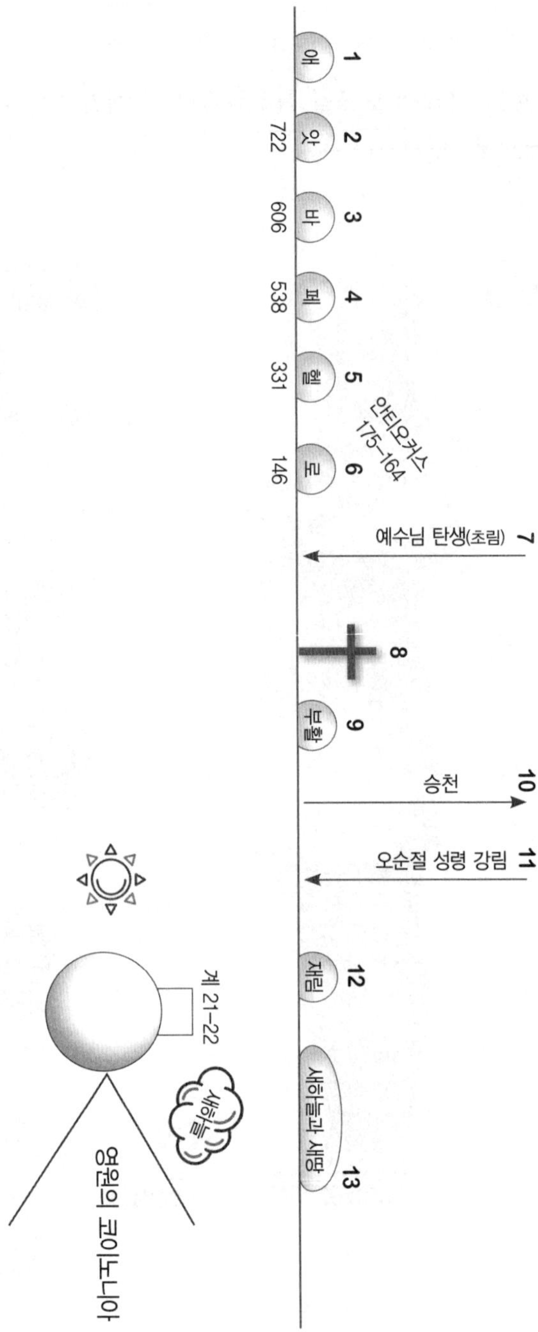

1 애
2 앗 722
3 바 606
4 페 538
5 헬 331
안티오커스 175–164
6 로 146
7 예수님 탄생(초림)
8
9 부활
10 승천
11 오순절 성령 강림
12 재림
13 새하늘과 새땅
계 21–22
새하늘
영원의 코이노니아

4B. 예언을 꿈꾸고 해석하는 과정에서 다니엘이 중요한 역할을 담당하였습니다. 그것의 의미는 무엇입니까?

5B. 다니엘 2장 45절의 '뜨인 돌'(손 대지 아니한 돌)에 대한 예언을 마태복음 21장 42-44절의 말씀에 견주어 보고 아래에 답하십시오.

1C. 다니엘서에서의 '뜨인 돌'의 역할은 무엇입니까?

2C. 마태복음 21장 44절의 "이 돌이 사람 위에 떨어지면"에서 '돌'의 역할은 무엇입니까?

3C. 이 돌은 누구를 말하고 있습니까?

4C. 이 돌이 처음에는 어떤 취급을 받았습니까? 그리고 그것이 의미하는 바는 무엇입니까?

5C. "그러므로 내가 너희에게 이르노니 하나님의 나라를 너희는 빼앗기고 그 나라의 열매 맺는 백성이 받으리라"(마 21:43). 이 말씀의 의미를 현재 공부하고 있는 주제와 관련해서 생각해 보십시오.

3A. 다니엘 9장 20-27절 말씀을 읽고 아래에 답하십시오.

1B. "네 백성과 네 거룩한 성을 위하여" 몇 이레를 주어 기한을 정했습니까? (24절)

2B. 이때가 되면 어떤 일이 펼쳐집니까? (24절)

★ 참고

한 이레는 일주일인데 또한 7년을 말하기도 합니다. 70이레를 다시 둘로 나누어 69이레와 한 이레로, 그리고 69이레를 둘로 나누어 7이레와 62이레로 나누었습니다. 그리고 62이레 후에 "기름 부음을 받은 자가 끊어져 없어질 것이며"(26절), 한 왕이 와서 많은 사람으로 더불어 "한 이레 동안의 언약"을 정한다고 했습니다(27절). 그리고는 그 이레의 절반에 그 언약을 파기하게 됩니다.

'뜨인 돌'과 '기름 부음을 받은 자'가 하나님의 계획 가운데 중심 인물로 등장할 것이라는 주제가 다니엘서의 예언입니다. 이제부터의 하나님의 경륜은 본격적으로 '여자의 후손'을 중심으로 펼쳐지겠다는 예언입니다.

이 '여자의 후손'이 "기름 부음"을 받고 "끊어져 없어"져서 다시 '뜨인 돌'이 되어 세상을 심판하고 "허물이 그치며 죄가 끝나며 죄악이 용서되며 영원한 의가 드러나며 이상과 예언이" 응하면서 천지창조의 궁극적인 목적이 이루어지겠다는 예언입니다.

'끊어져 없어진' 것까지는 역사입니다. 다시 '뜨인 돌'이 되어 세상을 심판하고…, 이것은 앞으로 일어날 사건들입니다. 우리들은 현재 어느 시점에 살고 있습니까? 또 어떻게 살아야 하겠습니까? 이런 질문들을 스스로 해보면서 우리의 삶을 하나님의 시간표에 맞추어서 점검하면서 사는 지혜가 있어야 하겠습니다.

암송 구절

"…사람들은 다 다니엘의 하나님 앞에서 떨며 두려워할지니 그는 살아 계시는 하나님이시요 영원히 변하지 않으실 이시며 그의 나라는 멸망하지 아니할 것이요 그의 권세는 무궁할 것이며 그는 구원도 하시며 건져내기도 하시며 하늘에서든지 땅에서든지 이적과 기사를 행하시는 이로서 다니엘을 구원하여 사자의 입에서 벗어나게 하셨음이라 하였더라"(단 6:26-27).

15과
교회와 코이노니아 2

1A. 교회의 머리, 예수에 대한 예언과 성취

하나님과 인간 사이의 온전한 코이노니아의 완성은 하나님의 일관된 목표입니다. 아니, 집념이라고까지 표현할 수 있겠습니다. 창세 전부터 천지창조를 구상하실 때도 이 목표를 두고 모든 구상을 계획하셨으며, 그 계획대로 천지를 창조하시고, 인간 타락의 사건을 목격하시면서도 이 목표 때문에 간섭하지 않으셨습니다. 곧바로 예비하셨던 조건적 계획(contingent plan)을 실행에 옮기실 때도 이 목표가 그 계획의 중심이 되게 하셨습니다. 그래서 곧 아담과 하와에게 이 계획을 알려 주셨고(창 3:15), 이 예언을 이루시기 위해 그에게 두 아들을 허락하셨습니다. 그 두 아들 가운데 가인은 실패하였지만 아벨과 셋으로 이어지는 가계를 통해 노아-셈-아브라함-이삭-야곱으로 이어지는 이스라엘 사람들과 그의 역사를 이루어 내십니다. 역시 이 과정 중에서도 목표는 일관되게 추구되어 왔습니다. 이스라엘 백성들의 타락

중에서도 마찬가지였습니다.

이러한 여러 인물들과 사건, 그리고 그들을 싸고 진행되었던 역사의 흐름은 참된 코이노니아의 창조가 그 목표였습니다. 그리고 이 창조를 이루어 낼 중심 인물이(엡 1:9-10) '여자의 후손' 곧 그리스도(메시아)임을 필요할 때마다 시시때때로 자신이 택한 사람들과 그들이 벌이는 사건들 그리고 계시(revelation) 등을 통해서 나타내 주시곤 하셨습니다(참고: 창 4장, 22장, 37:23-24, 45:1-15; 모세; 성막; 제사; 민 21:4-9 등등).

그리고 지난 과에서 공부한 대로 이스라엘 백성의 타락 후 역사의 무대 중앙은 이스라엘의 하나님께서 이 타락한 백성들을 끝까지 찾으시면서도 또한 이들을 매체로 하여 이스라엘 사람들 외의 다른 우리에 속한 백성들(요 10:16)을 사랑하시고 이 둘을 하나 되게 하기 위한(엡 2:11-18), 그리고 자신이 이 하나 된 인류와 참된 코이노니아를 완성하기 위한 장소가 되게 하셨습니다. 이 일을 이루기 위하여 세계 열강들을 줄이어 일으키기도 하시고 쇠퇴하게도 하시면서 하나님의 마음은 줄곧 그리스도를 중심으로 이런 과정들을 움직여 오셨음을 배울 수가 있었습니다. 이제 점점 이스라엘 백성과 또 다른 우리에 속한 백성들을 하나 되게 하고 자신도 이 새로운 하나 됨에 참여하시기 위한 계획을 보다 구체적이며 가시적으로 움직여 가게 됩니다. 그리고 그 계획의 가장 중심적인 존재인 그리스도의 출현이 점점 임박해 오고 있습니다.

이제 참된 코이노니아의 정반대적 위치에 있었던 이스라엘과 이방인들을 한 몸 되게 하시고, 그 몸의 머리 부분을 하나님이신 그리스도로 채우심으로 말미암아 하나님과 온 인류가 교회 안에서 하나 될

이 하나님의 뜻이 완성될 시간이 가까워지고 있습니다(엡 1:21-23, 3:6-11 참고). 그래서 이제부터는 이 그리스도에 대한 예언이 좀 더 구체적일 필요가 있습니다. 이런 이유로 인하여 이제 선지자들의 그리스도 탄생 예언이 점점 구체적이 되어 갑니다.

1B. 이사야 9장 1–7절

1C. 스불론과 납달리 땅은 어떠한 곳이었습니까? (1절)

2C. 이 지방은 또 어떻게 불렸습니까? (1절)

3C. 이 지방에는 어떤 사람들이 살고 있었습니까? (1절)

4C. 이 사람들은 어떤 상태에 살고 있었습니까? (1-2절)

5C. 나중에는 어떻게 살게 됩니까? (3절)

6C. 누구 때문에 그렇게 된다고 쓰여 있습니까? (6절)

7C. 이분은 사람들에게 어떤 모습으로 비춰집니까? (2절)

8C. 이분은 무엇을 하시겠습니까? (7절)

9C. 이분의 다른 이름들은 무엇입니까?

1D.

2D.

3D.

4D.

5D.

10C. 이분은 누구의 후손입니까? (7절)

11C. 이 일이 어떻게 해서 이루어지게 된다고 하였습니까? (7절)

12C. 마태복음 4장 12-16절을 읽고 아래에 답하십시오

1D. 예수님의 사역 시작을 기록한 내용입니다. 어디서 시작하셨습니까? (12절)

2D. 특별히 어느 지점을 중심으로 일하셨습니까? (13절)

3D. 이사야의 예언과 비교해 보십시오.

13C. 마태복음 1장 1절을 읽고 이사야 9장 7절과 비교해 보십시오.

14C. 결국 이사야가 예언하고 있는 "한 아기"는 누구입니까?

2B. 이사야 7장 14절 말씀은 곧 이 아기가 어떻게 날 것인가를 예언하고 있습니다.

1C. 누구에게서 나게 된다고 예언하고 있습니까?

2C. 그 이름은 무엇입니까?

3C. 그 뜻은 무엇입니까?

4C. 마태복음 1장 18-25절까지 읽고 아래에 답하십시오.

1D. 마리아는 어떤 여자였습니까?

2D. 어떻게 잉태하게 되었습니까? (18절)

3D. 그의 이름은 무엇입니까? (21절)

4D. 그 뜻은 무엇입니까? (21절)

5D. "이 모든 일이 된 것"은 무엇을 이루려고 되었습니까? (22절)

6D. 이분은 누구입니까? (23절)

3B. 미가서 5장 2절을 읽고 아래에 답하십시오.

1C. 이스라엘을 다스릴 자가 어디에서 나온다고 하였습니까?

2C. 마태복음 2장 1-11절을 읽고 아래에 답하십시오.

1D. 예수께서 어디서 나셨습니까?

2D. 동방박사들은 이분을 누구라고 불렀습니까? (2절)

3D. 대제사장들과 서기관들은 그리스도가 어디서 날 것을 알고 있었습니까?

4D. 마태는 이분을 누구라고 소개하고 있습니까?

4B. 이사야 53장 1-12절을 읽고 아래에 답하십시오.

1C. 본문의 "그"는 어떻게 취급을 받겠습니까? (1-3절)

1D.

2D .

3D.

2C. 그는 무슨 일을 담당하겠습니까?

1D. 4절:

2D. 5절:

3D. 6절:

3C. 그의 당함 때문에 우리는 어떻게 됩니까? (5절)

4C. 우리는 누구와 같습니까? (6절)

5C. 그가 '곤욕과 심문'을 당할 때 어떻게 대응했습니까? (7, 9절)

6C. 죽은 후에 무덤이 누구와 함께 되겠다고 하였습니까? (9절)

7C. 마가복음 6장 34절과 마태복음 8장 14-17절을 읽고 비교해 보십시오.

8C. 마가복음 6장 1-3절 말씀과 이사야 본문 2-3절 말씀을 비교해 보십시오.(마 12:22-24)

9C. 결국 이사야의 "그"는 누구입니까?

〈묵상〉 이사야서가 쓰여진 연대와 마태복음이 쓰여진 연대를 참고해 보고 이 예언의 정확성에 대해서 생각해 보십시오.

★ 이사야서 말고도 구약성경 곳곳에 그리스도의 탄생, 삶, 부활 등에 대해서 예언하고 있습니다(예: 시 22, 110, 23편, 16:8-11; 사 25:8). 이런 말씀들을 찾아보고 더 넓게 공부할 수 있는 기회를 스스로 만드시기를 권합니다.

뱀의 후손과 여자의 후손의 싸움이 끝났습니다. 뱀의 후손은 여자의 후손의 발꿈치를 물었지만 여자의 후손은 뱀의 후손의 정수리를 상하게 하였습니다(고전 15:54-57). 이제 주님의 조건적 계획(contingent plan)이 완전히 성취되었습니다(요 19:30 참고).

참된 코이노니아가 성취된 것입니다. 그 코이노니아를 방해했던 우리의 부족한 것들(사 59:1-2)이 그리스도의 대속으로 완전히 제거되었습니다. 이제부터는 하나님과 사람 사이, 그리고 사람과 사람 사이가 그리스도를 머리로 한 교회에서 하나가 되어 참된 코이노니아를 누릴 수 있게 되었습니다.

"말씀이 육신이 되어 우리 가운데 거하시매 우리가 그의 영광을 보니 아버지의 독생자의 영광이요 은혜와 진리가 충만"(요 1:14)하게 되었습니다. 이스라엘의 죄악 때문에 인류를 떠나셨던 그 하나님의 영광(Shekinah Glory)이 다시 교회 안에 내려오셨습니다. 그리고 하나님이 '임마누엘'로서 우리 중에 거하시며 참된 코이노니아를 누리고 계십니다. 다 이루신 것입니다.

암송 구절

"말씀이 육신이 되어 우리 가운데 거하시매 우리가 그의 영광을 보니 아버지의 독생자의 영광이요 은혜와 진리가 충만하더라" (요 1:14).

학생용

코이노니아를 통해 보는
천지창조와 하나님의 경륜

1판 1쇄 인쇄 _ 2019년 3월 15일
1판 1쇄 발행 _ 2019년 3월 25일

지은이 _ 송영선
펴낸이 _ 이형규
펴낸곳 _ 쿰란출판사

주소 _ 서울특별시 종로구 이화장길 6
편집부 _ 745-1007, 745-1301-2, 747-1212, 743-1300
영업부 _ 747-1004 FAX 745-8490
본사평생전화번호 _ 0502-756-1004
홈페이지 _ http://www.qumran.co.kr
E-mail _ qrbooks@gmail.com / qrbooks@daum.net
한글인터넷주소 _ 쿰란, 쿰란출판사
등록 _ 제1-670호(1988.2.27)
책임교열 _ 김유미·박은아

 ISBN 979-11-6143-227-4 94230
979-11-6143-226-7 (세트)

책값은 뒤표지에 있습니다.

파본(破本)은 구입처에서 교환해 드립니다.